Yvonne Fischer

Propaganda im Nationalsozialismus. Analyse der sprachlichen und gestalterischen Mittel

GRIN Verlag

Bibliografische Information der Deutschen Nationalbibliothek:

Die Deutsche Bibliothek verzeichnet diese Publikation in der Deutschen National-
bibliografie; detaillierte bibliografische Daten sind im Internet über http://dnb.d-
nb.de/ abrufbar.

Impressum:

Copyright © 2001 GRIN Verlag GmbH
Druck und Bindung: Books on Demand GmbH, Norderstedt Germany
ISBN: 978-3-638-93814-3

Dieses Buch bei GRIN:

http://www.grin.com/de/e-book/3456/propaganda-im-nationalsozialismus-analyse-
der-sprachlichen-und-gestalterischen

GRIN - Your knowledge has value

Der GRIN Verlag publiziert seit 1998 wissenschaftliche Arbeiten von Studenten, Hochschullehrern und anderen Akademikern als eBook und gedrucktes Buch. Die Verlagswebsite www.grin.com ist die ideale Plattform zur Veröffentlichung von Hausarbeiten, Abschlussarbeiten, wissenschaftlichen Aufsätzen, Dissertationen und Fachbüchern.

Besuchen Sie uns im Internet:

http://www.grin.com/

http://www.facebook.com/grincom

http://www.twitter.com/grin_com

Universität Regensburg
SS 1999
Institut für Germanistik
Hauptseminar: Sprache im Nationalsozialismus
Vom 15. Juni 2000

Propaganda im Nationalsozialismus

Eine Analyse der sprachlichen und gestalterischen Mittel der nationalsozialistischen Propaganda

Verfasserin: Yvonne Fischer
RS D/E
11. Semester

Inhaltsverzeichnis

I Klärung des Begriffes Propaganda

Propaganda ist ein Begriff, der höchstwahrscheinlich für all unsere Zeitgenossen mit einer äußerst negativen Konnotation behaftet ist. Man bringt ihn zuerst in Verbindung mit dem zweiten Weltkrieg und allgemein mit der Verbreitung politischer und weltanschaulicher Ideen und Meinungen, die das Ziel haben, das allgemeine Bewußtsein in bestimmter Weise zu beeinflussen.

Ursprünglich stammt die Bezeichnung Propaganda aus dem 17. Jahrhundert. „Congregatio" und „Collegium de Propaganda Fide" waren Einrichtungen, gegründet von Papst Gregor XV. zur Pflege der Heidenmission. Urban VIII. errichtete wenig später eine Pflanz- und Schulstätte für Missionare, die ebenfalls der Ausbreitung des Glaubens diente.

Doch ehe aus der geistlichen die weltliche Propaganda wurde, erfuhr das Wort einen Bedeutungswandel. Propagare heißt ausbreiten, ausdehnen, sich zeitlich verlängern und sich hinziehen (→ propagare bellum = den Krieg in die Länge ziehen/ verlängern; anm.d.Verf.). Es heißt aber auch, sich durch Ableger und Schößlinge fortpflanzen. Die Propaganda, wie wir sie heute verstehen, hat keine philologische Entwicklung durchgemacht, sondern einen Sprung. Sie geht unmittelbar aus der Amtsbezeichnung „Congregatio de Propaganda Fide" hervor. Da für das Volk dieser Titel aber zu lang war, wurde er ohne Rücksicht auf seine grammatikalische Richtigkeit auf „Die Propaganda" gekürzt.

Auch zur Zeit Goethes wurde die Bezeichnung in diesem Sinne verwendet. Er schreibt 1787 aus Rom: „Am Dreikönigstage" ... „waren wir in der Propaganda." Damit war, wie oben beschrieben, die Propaganda-Kongregation gemeint, der sämtliche missionarische Tätigkeiten der katholischen Kirche unterstellt waren. Da sich diese Mission auch auf nichtchristliche Gebiete erstreckte, zog sie in der Aufklärung den Argwohn der Gegner auf sich, die glaubten die katholische Kirche wolle durch zentral gesteuerte geheime Unterwanderung Proselyten machen. Somit erhielt das Wort langsam einen negativen Beigeschmack und wurde mit Verschwörungsvorstellungen assoziiert.

Der Begriff Propaganda konnte sich allmählich wandeln. In der Französischen Revolution wurde der Ausdruck stark säkularisiert und politisiert. Denn die

Revolutionäre selbst bezeichneten sich als 'missionaires' und 'apôtres' für ein neues politisches 'crédo'. Ihre Gegner allerdings glaubten sich und das übrige Europa bedroht durch eine „im Geheimen wirkende Organisation", die sie als Propaganda bezeichneten. Bis etwa 1850 mußte, wenn man die Propaganda meinte, eine Gesellschaft, d.h. eine Personengruppe gemeint sein und damit verbunden eine fortschrittliche Ideologie repräsentiert werden.

Erst anschließend, nach etwa der Mitte des 19. Jahrhunderts, erfuhr das Wort einen Bedeutungswandel. Nun war nicht mehr eine Institution, Gruppierung oder Zentrale zur Steuerung der Ideen bezeichnet, sondern der Akt der Verbreitung an sich, z.B. die Werbung für politische Ideen der Linken Parteien, die als positiv angesehen wurde.

In „Meyers Lexikon" findet sich 1907 in der 6. Auflage eine weitere Umdeutung des Begriffes Propaganda. Er bezeichnet nun alles, was zu tun hat mit der Verbreitung von Erzeugnissen, wie Waren, Schriften, Reklame und Anzeigen. Im ersten Weltkrieg wurde er zum „Schlagwort der psychologischen Kriegsführung". Die Kriegspropaganda erhielt in Hitlers Werk „Mein Kampf" sogar ein eigenes Kapitel. Seine Leitsätze für die richtige Propaganda lauten wie folgt, daß sie ein Mittel sei, das vom Gesichtspunkt des Zweckes aus beurteilt werden müsse. Sie diene nicht objektiv der Wahrheit, sondern ihrer selbst und habe sich nach dem jeweiligen geistigen Niveau des Volkes zu richten. Laut Goebbels, Reichsminister für Volksaufklärung und Propaganda, sollte es Aufgabe der Propaganda sein, den, den sie erfassen wolle, ganz mit ihren Ideen zu durchtränken, ohne daß er es überhaupt merke.

Die Propaganda wurde mehr und mehr eine Institution zu einem bestimmten Zweck, ja gar eine Macht. Sie dient nun nicht mehr dem Auftrag den Glauben zu verbreiten, sondern wird genutzt um Menschen zu beeinflussen und ihren „Glauben" zu erwecken.[1] Um den Begriff vom Negativaspekt zu entbinden, setzte man das Verbot durch, das Wort mit Reklame oder Werbung gleichzusetzen. Die Propaganda sollte vielmehr positiv aufgewertet werden, indem man ihr negative Kontrastworte, wie, Agitation, Hetze und Lügenkampagne gegenüberstellte und sie zum gesetzlich geschützten Begriff erklärte. Denn sie sollte nicht abgewertet werden, vielmehr sollten die Begriffe Agitation und Hetze für die feindliche Beeinflussung des Volkes verwendet werden um

---

[1] Vgl.: Sternberger: *Aus dem Wörterbuch des Unmenschen*. S. 110-116.

somit den Gegner zu beschreiben, der laut der Nationalsozialisten durch Haß- und
Vernichtungswillen gekennzeichnet ist.

Schon zur damaligen Zeit gab es Beobachter, die feststellten, daß auch die nationalsozialistische Sprachlenkung nicht vermochte, der Propaganda die negative Wirkung zu
nehmen, sondern sie wurde im Laufe der Zeit durch die Geschehnisse im dritten Reich
mehr und mehr negativ behaftet und letztendlich zu einem „Greuelwort", dessen
Akzentuierung sich bis heute gehalten hat.

So definiert sich die nationalsozialistische Propaganda aus den Maßnahmen des
Nationalsozialismus zur einheitlichen Ausrichtung des Volkes in allen politischen
Fragen.[2]

---

[2] Vgl.: Schmitz-Berning: *Vokabular des Nationalsozialismus.* S. 475-480

II Die Grundfunktionen der Propaganda

Der Nationalsozialismus versuchte das ganze deutsche Volk im politischen, gesellschaftlichen und wirtschaftlichen Bereich im Unbewußten zu halten und auf die Stufe des intuitiven Erfassens zurückzuwerfen. Das verfälschte Gefühl sollte dabei die Stelle des Verstandes übernehmen.[3] Und dies ist genau das, was der Nationalsozialismus rigoros ausnutzte um die Menschen für sich einzunehmen, genauer gesagt, die Menschen in ihrem Unwissen über die unbewußte Wirkung der Propaganda und bestimmter Parolen zu manipulieren.

Denken findet beim Menschen gewöhnlicherweise in Form von Sprache statt. Die Sprache ist sozusagen Medium für unsere Gedanken. Sprachfreies Denken, also Denken, das nicht im Medium Sprache stattfindet, könnte man als intuitives Denken bezeichnen, das den Menschen auf eine primitivere Stufe zurückstellen würde. Die nationalsozialistische Propaganda machte sich genau dieses Prinzip zu eigen. Unreflektierte innere Regungen wurden ausgenutzt und der Appell an die unmittelbare, unkontrollierte Eingebung geschah im besonderen auf der unbewußten Ebene. Der Eingriff in den Sprachmechanismus, der es ermöglicht den Menschen von seinem Sprachverhalten her zu lenken wurde bewußt ausgenutzt. Mit Hilfe der Macht des Wortes kann, wie es im 3. Reich geschah, auch die Lüge zum Macht-Werkzeug mißbraucht werden. So konnte und kann man das Volk auf bestimmte Verhaltensnormen festlegen. Folglich kann der Mensch, der diese Lenkung aus eigenen Stücken nicht bemerkt, mit Mitteln der Sprache unbewußt gehalten werden und seine Personalisation kann auf ein Minimum reduziert werden. Auf diese Weise hat sich der nationalsozialistische Staat einen getreuen, gehorsamen Untertanen erzogen.[4]

Dovifat beschreibt die Propaganda als eine Form der Werbung, als

„planmäßig geordneter Einsatz persönlicher, geistiger und technischer Führungsmittel zur Eroberung der breitesten Öffentlichkeit für ein publizistisches Ziel."[5]

Denn die Sprachregelung zu dieser Zeit funktionierte Begriffe um oder eliminierte sie und ließ sie durch eine gleichgeschaltete Presse propagieren. Diese Sprachregelung betraf nicht nur einzelne Worte, sondern zog sich durch sämtliche Äußerungen und

---

[3] Bork: *Missbrauch der Sprache*. S. 5.
[4] Ebd: S. 10-12.
[5] Dovifat: *Zeitungslehre I*. S. 127.

„richtete" sie dem System gemäß aus. Dabei ist zu sagen, daß das gesprochene Wort eine noch viel stärkere psychologische Wirkung hatte, als das geschriebene Wort, was man auch damals bereits genau wußte[6]:

> „Denn das mögen sich alle die schriftstellernden Ritter und Gecken von heute besonders gesagt sein lassen: die größten Umwälzungen auf dieser Welt sind nie durch einen Gänsekiel geleitet worden! Nein, der Feder blieb es immer nur vorbehalten, sie theoretisch zu begründen. Die Macht aber, die die großen historischen Lawinen religiöser und politischer Art ins Rollen brachte, war seit urewig nur die Zauberkraft des gesprochenen Wortes." (...) „Worte, die Hammerschlägen ähnlich die Tore zum Herzen eines Volkes zu öffnen vermögen[7]."

Die propagierende Sprache findet sich in der Zeit des Nationalsozialismus in nahezu allen Bereichen des geschriebenen und des gesprochenen Wortes. Ich stelle sogar die Behauptung auf, dass das ganze System des Nationalsozialismus auf Propaganda beruht. Denn die Nationalsozialisten ließen keine Möglichkeit aus, ihren Einfluss auf das deutsche Volk auszuüben.

> „Zwölf Jahre lang herrschten die Nationalsozialisten uneingeschränkt in Deutschland. Während dieser Zeit durchdrangen sie – auch in Form eines spezifischen Sprachgebrauchs – mit ihrer Ideologie und Propaganda nahezu alle Lebensbereiche der Deutschen. Die mündliche und schriftliche Allgegenwart ihrer rassenideologischen, militaristischen, auf Führung und Gefolgschaft fixierten Interpretation von Volk und Gesellschaft – verbreitet vor allem auch durch die neuen Medien Rundfunk und Film – war eines ihrer wesentlichen Herrschaftsmittel."[8]

Die Angehörigen der NSDAP und ebenso das Volk bekamen, um ein Beispiel anzuführen, die Sprache und die Ideologie des Nationalsozialismus durch die Worte des Völkischen Beobachters eingehämmert, denn dieses „Kampfblatt" der NSDAP beinhaltete alle Kennzeichen der Propaganda, des Flugblattes und des Plakates, welche im besonderen propagandistische Züge aufwiesen. Des Weiteren ist Hitlers Werk „Mein Kampf" ein wesentliches Mittel der Propaganda gewesen, da es als Vorbild für die Sprache des Dritten Reiches diente. Auch Organisationen, wie z.B. der Bund Deutscher Mädel und die Hitlerjugend, zu deren Mitgliedschaft die deutsche Jugend verpflichtet wurde, hatten zum Ziel, den deutschen Nachwuchs im Sinne des Nationalsozialismus zu erziehen und zu beeinflussen, so daß es von vornherein keine Möglichkeit gab sich dem System zu entziehen.

> „Erst die Totalität der politischen Macht gab dem NS-System die Möglichkeit, sich das Monopol der Meinungsführung zu sichern, seine offenen oder geheimen publizistischen Gegner zu verdrängen und bis in den letzten Schlupfwinkel zu verfolgen, ungestraft und unverantwortlich Lügen als Wahrheit auszugeben, kurz, die Allgegenwärtigkeit der publizistischen Propaganda organisatorisch, technisch und politisch sicherzustellen."[9]

---

[6] Vgl.: Bork Siegfried: *Mißbrauch der Sprache*. S. 13.
[7] Hitler: *Mein Kampf*. S. 116.
[8] Kinne/ Schwitalla: *Sprache im Nationalsozialismus*. S. 1.
[9] Hagemann Walter: *Publizistik im Dritten Reich*. S. 27.

Ziel dieser Arbeit soll sein, dem Leser einen Einblick zu verschaffen in das von Propaganda durchwirkte, bzw. das von Propaganda getragene System des Nationalsozialismus. Zur Verdeutlichung hierfür beschränke ich mich auf Beispiele aus der Plakatpropaganda und werde anschließend eingehen auf die Merkmale der Sprache der Propaganda, denn alles, was darüber hinaus ginge, würde den Rahmen dieser Arbeit sprengen. In erster Linie entstammen die angeführten sprachlichen Beispiele dem „Völkischen Beobachter", Auszügen aus Reden und aus Hitlers „Mein Kampf".

III Die Plakatpropaganda

Friedrich Medebach nennt in seiner Dissertation „Das Kampfplakat" fünf „Grundgesetze" der Propaganda: geistige Vereinfachung, Stoffbeschränkung, hämmernde Wiederholung, Subjektivität und gefühlsmäßige Steigerung und weist auf die Anwendung dieser Prinzipien bereits in den Wahl-Plakaten der NSDAP der 20er Jahren hin.[10] Und damit war die einhämmernde Wiederholung d a s zentrale Mittel der Massenbeeinflussung.

Allerdings bestand an dieser Stelle auch die Gefahr der Abstumpfung des Volkes, die im optischen Bereich bekanntlich am allergrößten ist. Deswegen waren Abwechslung und Steigerungen unumgänglich. Zusätzlich wurden häufig Symbole mit ins Propagandaplakat integriert. Durch die Einführung eines Markenartikels sollte das öffentliche Vertrauen gewonnen werden - frei nach den Pawlowschen Experimenten - in denen ein Individuum auf bestimmte Zeichen hin konditioniert werden sollte. Dies hieß man in der Fachsprache „Syndrom der konditionierten Reflexe". Gemäß dieser Erkenntnis führte die NSDAP ihr eigenes Markenzeichen ein, das Hakenkreuz. In der Werbebranche würde man heute von einem „Logo" sprechen, das der Produktgestaltung einen hohen Wiedererkennbarkeitswert verlieh. Im Hinblick auf politische Gegner waren die Parteisignets, -parolen und Symbolfiguren schließlich einem starken Wettbewerb ausgesetzt, den es zu bestreiten galt.[11]

Mit der immer stärker aufkommenden Anzeigen-, Plakat- und Schaufensterwerbung wurde die Bevölkerung zunehmend überflutet. Um eine Abstumpfung der Menschen zu vermeiden und den optischen Blickfang zu garantieren wurden die Werbestrategien immer provokativer und emotionalisierender. Politische Propaganda vermischte sich mehr und mehr mit Produktwerbung. Sie war nicht selten vergleichend und abgrenzend gegenüber den Ideen anderer und nahm häufig gar diffamierende Züge an, die immer rücksichtsloser wurden. NSDAP, SPD und KPD versuchten in ihrem Konkurrenzkampf durch Gegenpropaganda den Adressatenkreis für sich zu gewinnen.[12]

Die neuere Kommunikations- und Propagandaforschung hat nachgewiesen, dass Information nicht nur in Form von Sprache verarbeitet und gespeichert wird, sondern

---

[10] Vgl.: Medebach: *Das Kampfplakat*. S. 13.
[11] Vgl.: Behrenbeck: *Der Führer*. In: Diesener/ Gries: Propaganda in Deutschland. S. 52.

durch eine Art non-verbales System bildhafter Imagination im Gehirn verankert wird. Das heißt, Menschen können durch die Vorgabe von Bildern Informationen effizienter verarbeiten und vernetzen, so dass die Behaltensleistung erheblich erhöht wird. Damit ist die bildliche Informationsvermittlung der sprachlichen weit überlegen. Die sogenannte „Doppelspeichertechnik", also die Speicherung von Wort und Bild führt zu einer besseren Aufnahme der Information und folglich zu einem größeren Werbeerfolg. Meist unbewusst werden die Botschaften vom Empfänger aufgenommen und oftmals gar nicht durchschaut.[13] Diesen Manipulationseffekt machte sich auch die nationalsozialistische Propaganda zu Nutze.

Ergänzend möchte ich noch erwähnen, dass auch das Flugblatt ähnlichen gestalterischen Mitteln unterworfen war und gleiche Ziele verfolgte wie das Plakat. Die Grenzen zwischen Plakatpropaganda, Maueranschlägen und Flugblattpropaganda sind daher fließend. Der wesentliche Unterschied lag lediglich in der Verbreitungsart des jeweiligen Genres.

Die Gestaltungsrichtlinien waren ebenfalls ähnlich. Wichtig war in erster Linie, dass die Propaganda Aufsehen erregte und die Betrachter fesselte. Sie sollte außerdem in der gewünschten Form und in eine bestimmte Richtung manipulieren und zudem klar verständlich sein, um die Aufnahmebereitschaft des Lesers nachhaltig zu festigen.

Jedes Plakat hatte eine Schlagzeile, Adresse oder Überschrift und war in einigen Fällen umgeben von einem Rahmen oder einer Borde. Immer jedoch befand sich auf den genannten Medien eine bildliche Darstellung, die dem Betrachter als Verständnishilfe dienen sollte und einen Kontrast oder gar einen Ersatz zum Text bot. Der Text selbst war möglichst einfach und verständlich gehalten und sollte Glaubwürdigkeit vermitteln.

Im Folgenden werden einige Beispiele aus der Plakatpropaganda herangezogen und analysiert um die wesentlichen Mittel der Massenbeeinflussung zu verdeutlichen.

---

[12] Ebd.: S. 53.
[13] Paul: Aufstand der Bilder. S. 214.

1 Plakatpropaganda im Deutschen Reich

Am Beispiel einiger Bildmedien beabsichtige ich nun die propagandistischen Methoden und Botschaften zu beleuchten, die mit Hilfe der graphischen Darstellung vermittelt werden sollten. Dabei gehe ich zum einen auf die Körpersprache der Figur ein, inwieweit die äußere Erscheinung, einschließlich Mimik und Gestik zur Beeinflussung der Rezipienten beiträgt. Zum anderen erläutere ich die emotionalisierende Wirkung der Parolen.

Schon im Laufe der 20er Jahre war die Methode der Plakatwerbung mit Persönlichkeiten bekannt. Gang und gäbe wurde sie allerdings erst im Jahr 1932, als die NSDAP mit Hitlers Gesicht warb und es zum Markenartikel aufkommen konnte. Laut Gerhard Voigt hatte der „Kaffee-Haag"- Erfinder Ludwig Roselius selbst schon im Jahre 1915 vorgeschlagen mit bekannten Persönlichkeiten, wie dem deutschen Kaiser als „Markenartikel" des Deutschen Reiches, zu werben.[14]

Nach Hitlers großem Vorbild, dem Führer Italiens, der schon längst als „il Duce" bekannt war, wurde nun in langjährigen Werbekampagnen das Wort „Führer" zum Markennamen.[15]

Betrachtet man das folgende Bild, so wird klar ersichtlich, daß an der Plakatgestaltung so gut wie nichts ungewollt war. Alle Bestandteile waren akribisch genau überlegt worden.

Hitler sollte bestimmend wirken. Seine Gesichtszüge schienen wie versteinert, gar maskenhaft. Der Schnauzbart, der zu Hitlers Markenzeichen wurde, war von hohem Wiedererkennungswert. Im Gegensatz zu Darstellungen späterer Zeit war auf diesem Plakat noch das ganze Gesicht des Führers zu sehen, ohne die berühmte Stirnlocke, die ihm diagonal vom Ansatz des Seitenscheitels rechts, bis hinüber zur linken Schläfe ins Gesicht fallen sollte. Sein starrer Blick, der noch direkt dem Betrachter entgegenzusehen scheint, und die verkrampft zusammengezogenen Augenbrauen wirken grimmig aber entschlossen. Resolutheit und Härte sind ihm ins Gesicht geschrieben und lassen schon jetzt seinen wahnwitzigen Fanatismus erahnen.[16]

---

[14] Vgl.: Voigt: Goebbels als Markentechniker. In: Warenästhetik. Beiträge zur Diskussion, Weiterentwicklung und Vermittlung ihrer Kritik. S. 233 f.
[15] Ebd.: S. 249 f.
[16] Vgl.: Behrenbeck: *Der Führer*. In: Diesener/ Gries: Propaganda in Deutschland. S. 57.

Das Plakat ist trotz seiner Schlichtheit ein Meisterwerk an Aussagekraft. Es zeigt lediglich den Kopf Hitlers - ohne Hals - auf pechschwarzem Hintergrund. Leuchtend weiß davor steht ein einziges Wort: Hitler - in großen Lettern gedruckt. Diese Art der Darstellung verleiht dem Bild etwas teuflisch-dämonisches und weist jeden möglichen Bezug zur Realität zurück.

Das nächste Plakat stammt aus dem Jahre 1933 und verweist auf die Reichstagswahl und Volksabstimmung am 12. November. Diese Art der Darstellung sollte das Volk die ganze Zeit des Nationalsozialismus hindurch begleiten. Abgeändert war nicht nur die oben bereits erwähnte Stirnlocke, zusammen mit dem Schnauzbart eine „Verbindung zweier geometrischer Figuren, eines Dreiecks und eines Vierecks, zu einer prägnanten Gestalt."[17] Auch der einst so hypnotisierende Blick direkt auf den Betrachter war bewußt zur Seite hin korrigiert worden. Fast könnte man annehmen, Hitler wolle den Deutschen die Zukunft weisen. Der in meinen Augen eindrucksvollste Effekt war, daß Hitler nun wesentlich selbstbewußter und herrischer erscheint, deutlich zu erkennen

---

[17] Herz Rudolf: Hoffmann & Hitler, Fotografie als Medium des Führer-Mythos. S. 95 f.

auch an der seitlich in die Hüfte gestemmten Hand und der militärischen Kleidung mit dem Eisernen Kreuz und dem Verwundetenabzeichen auf der linken Brusttasche. Werbetechnisch wirkungsvoll gewählt, springt dem Betrachter aus der rechten oberen Ecke ein in überdimensionalen Lettern gedrucktes „Ja" entgegen. Es ist etwa dreimal so groß, wie die Schriftzeile unten im Bild: „Führer wir folgen Dir!"

Der schwarze und noch recht neutrale Hintergrund musste zugunsten einer vor Begeisterung tobenden Menschenmasse weichen, über der Hitler erhaben und überdimensional posiert. Das Volk blickt in einem steilen Winkel zu seinem Führer auf, dessen Darstellung auf allen weiteren Abbildungen, die aus dieser Zeit zu finden sind, stets heroisch und starr, wie ein lebloses Monument wirkte. Damit wurde Hitler spätestens 1934 zum „Sinnbild der Nation".[18]

Diese Art der Werbung für die NSDAP schien Erfolg zu haben, denn Hitlers Konterfrei und die Markennamen des Regimes wurden zum Antrieb der ganzen Wirtschaft gerne auch von Geschäftsleuten verwendet. Sie machten sich den Führer-Mythos zu nutzen und versahen vielerlei ihrer Produkte damit, so daß es nötig wurde

---

[18] Herz Rudolf: ebd.. S. 123.

Schutzmaßnahmen zu ergreifen. Goebbels selbst führte jahrelang einen aussichtslosen „Kampf gegen den Kitsch", der die „heiligen Symbole" des Nationalsozialismus vor dem unbeabsichtigten Lächerlichmachen bewahren sollte.[19]

Auf anderen Plakaten, auf denen Hitler selbst zu sehen war, wie zum Beispiel dem, nach einem Portraitfoto von Heinrich Hoffmann nachempfundenen Plakat, wurde der „Führer" einem Gemälde gleich abgebildet. Es war hier nicht wichtig ihn wirklichkeitsnah darzustellen, sondern eher so, wie sich früher oft Adelige malen ließen, einem Kunstwerk gleich. Dazu wurde das ursprüngliche Photo im Nachhinein koloriert. Diese Art der Darstellung sollte Hitler nobilitieren und ihn als fähiges, entschlossenes und überlegenes aber dennoch unnahbares Oberhaupt abbilden. Die Schlagzeile „Adolf Hitler ist der Sieg!" verspricht dem Volk eine bessere Zukunft, garantiert durch den „Führer". So sollten die Menschen das Glücks- und Siegesversprechen automatisch mit ihrem „Führer" in Verbindung bringen. Hitler wollte sich so seine Anhänger sichern und sie in Sicherheit wiegen.[20]

---

[19] Ebd.: S. 133 ff.
[20] Vgl.: Behrenbeck: *Der Führer*. In: Diesener/ Gries: Propaganda in Deutschland. S. 69-70.

Zusammengefasst bewirkte die Art der einzelnen Hitlerdarstellungen auf den unterschiedlichen Plakaten, daß Hitler in den verschiedensten Führungsebenen des Reiches immer mehr an Bedeutung gewinnen konnte. So kam zur Feldherrnrolle die Stellung des Parteiführers, des Regierungschefs und zu guter Letzt die des Staatsoberhauptes hinzu. Die Plakatpropaganda trug nicht wenig dazu bei, daß Hitler alle wichtigen oberen Positionen im Lande erringen konnte. Vielmehr griff sie die Sehnsucht des Volkes auf und trieb es dazu in hoffnungsvoller Erwartung alles auf den „Führer" zu setzen. Das Zusammenwirken bzw. die Wechselwirkung dieser geschürten Gefühle im deutschen Volk und die Macht des gedruckten Wortes ließ Hitler zu einer mystischen Figur werden. „Der ‚Führer' war ein Bild, das nicht nur den Massen aufgezwungen, sondern auch von ihnen mitgeschaffen worden war – als historische Norm, wie als Verkörperung ihres Selbstverständnisses."[21]

2 Deutsche Plakatpropaganda in Weißrußland

Die deutsche Propaganda konnte anfangs auch in Weißrußland Erfolge aufweisen. Hierfür wurde dem deutschen Volk der Vormarsch vor Augen gehalten, der relativ einfach zu verbuchen war. Denn auf der Seite der Weißrussen gab es viele Verbündete, die auf positive Veränderungen in ihrem Land gehofft hatten. Zudem hatte die Propaganda ein leichtes Spiel aufgrund der vorhergegangenen Politik Stalins gegenüber Weißrußland.

Da der Arbeitszwang und die brutale Unterdrückung und Vernichtung die Absicherung der deutschen Herrschaft nicht ausreichend garantierten, wurde der Propagandaapparat in Bewegung gesetzt, um Teile der weißrussischen Bevölkerung zu einem bereitwilligen „Hilfsvolk" zu machen. Ziele dieser Propaganda waren, daß die weißrussische Bevölkerung der deutschen Besatzungsmacht bei der Bekämpfung der Partisanen unter die Arme griff, Zwangsabgaben für landwirtschaftliche Produkte zu leisten und sich „freiwillig" zum „Arbeitseinsatz" im Deutschen Reich zu melden.

---

[21] Stern Joseph P.: Hitler. Der Führer und das Volk. S. 106.

Als Mittel der Propaganda wurden Plakate, Zeitungen, Flugblätter sowie Filme und Rundfunk herangezogen und mit ihnen versucht, nationalsozialistische Gedanken zu verankern und die Bevölkerung der besetzten Gebiete in möglichst viele Gruppen zu spalten. Dabei wurde das „weißruthenische Volkstum" dem „slawischen Untermenschen" als „rassisch höherwertig" übergeordnet. Russland wurde zum Hauptfeind ernannt und das weißruthenische Volk wurde mit den Attributen „schön, fleißig, tatkräftig und dankbar" versehen, ganz im Gegensatz zum „häßlichen, todbringenden jüdisch-bolschewistischen Brandstifter" Russland, der der weißruthenischen Bevölkerung nur Tod, Elend und Hunger eingebracht hatte. Hingegen garantieren die Deutschen bei Wohlverhalten und Gehorsam Glück, Arbeit und Brot.

Da es in Weißrußland einen besonders hohen Anteil an Juden gab, gab es auch antisemitische Propaganda und antikommunistische Propaganda, welche sich gegen den Bolschewismus als den Erzfeind des Deutschen Reiches richtete. Außerdem gab es Propaganda, die der weißrussischen Bevölkerung die Partisanenkämpfe, Zwangsarbeit und die Verschleppung nach Deutschland zu erklären versuchte. Aber alle derartigen Bemühungen der Deutschen schlugen letztendlich fehl und die anfängliche Freundschaft, die die Weißrussen Deutschland entgegenbrachten brach bald ab.

Folgende Plakate geben Aufschluß darüber, mit welchen gestalterischen Mitteln die nationalsozialistischen Ideen umgesetzt wurden und mit welch sprachlicher Überzeugungsarbeit gearbeitet wurde.[22]

---

[22] Vgl. Schlootz: Deutsche Propaganda in Weißrußland 1941-1944. S. 1-17.

Няменкая збройная сіла
эта Ваш а\\о\\ і ратунак!

Dieses Propagandaplakat zum Beispiel wirbt für die deutsche Wehrmacht und ihre Taten in Weißrußland .

Der Text unter dem Bild, der in kyrillischer Schrift verfasst ist, besagt folgendes:

„Die deutsche Wehrmacht ist Dein Schutz und
Deine Befreiung! Sie hat Euch von der bolschewistischen Unterjochung befreit. Dank der energischen
Maßnahmen der deutschen Verwaltung, sowie auch Eurem Fleiß war es möglich, Neues aufzubauen und
die zahlreichen Folgen des schweren Krieges zu beseitigen. Arbeitet weiter mit Vertrauen auf die
deutsche Wehrmacht und auf die deutsche Verwaltung, welche Euch helfen, durch diese schweren Zeiten
hindurch zu kommen und ein neues besseres Leben aufzubauen."[23]

Ganz typisch für dieses Plakat ist der Aufbau. Zuerst die Parole, die Schlagzeile, die
dem weißruthenische Volk vor Augen hält, welch großartige positive Leistung es der
deutschen Wehrmacht zu verdanken hat. Unterstrichen wird die Aussage durch ein
konkretes Fallbeispiel, der Unterjochung durch die Bolschewisten. Schließlich folgt die
Aufforderung an das Volk mitzuhelfen in Verbindung mit einem Lob an die Tatkraft
und den Fleiß, welches die Bereitwilligkeit der Menschen dort garantieren sollte. Der
Leser wird dabei persönlich in der zweiten Person Singular, bzw. Plural angesprochen,
wahrscheinlich um die Distanz zwischen Botschaft und Betrachter zu verringern. Der
Leser konnte sich somit leichter mit dem Text identifizieren und sich als Teil einer
Gemeinschaft fühlen.

---

[23] Vgl. Schlootz: Deutsche Propaganda in Weißrußland 1941-1944. S. 18

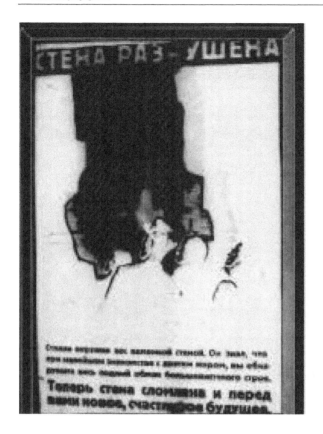

Ebenso wie beim ersten Beispiel versuchte man auch mit obigem Plakat das
weißruthenische Volk für die deutsche Seite zu gewinnen und benutzte dazu als
abschreckendes Negativbeispiel Stalins Schreckensherrschaft.

Die Zeilen dieses Blattes lauten entsprechend:

> „ Die Mauer ist zerstört. Stalin hielt Euch hinter der Mauer. Er wußte, daß Ihr durch die Berührung
> mit einer anderen Welt den niederträchtigen Betrug der bolschewistischen Ordnung erfahren würdet. Jetzt
> ist die Mauer durchbrochen, und es kommt Euch eine glückliche Zukunft entgegen."[24]

Auch bei diesem Beispiel steht wiederum eine Schlagzeile als Aufmacher in großen
Buchstaben über dem Plakat. Der Gegner ist ebenfalls Stalin und der Bolschewismus,
der ins schlechte Licht gezogen wird und gleichsam die positiven Taten der Deutschen

---

[24] Vgl. Schlootz: Deutsche Propaganda in Weißrußland 1941-1944. S. 20.

herausstreichen soll, nämlich die Befreiung der Weißruthenen von der Macht des Bolschewismus für eine Zukunft in Freiheit.

Die graphische Gestaltung des Plakates rundet die sprachliche Gestaltung zudem auf wirkungsvolle Weise ab. Der hell-dunkel Kontrast des Bildes stellt die finstere Vergangenheit in Schreckensherrschaft der hell leuchtenden Zukunft gegenüber, in die die weißruthenische Bevölkerung voll Sehnsucht und hoffnungsvoller Erwartung blickt.

Die Propagandainhalte knüpften mit ihrer sprachlichen und visuellen Umsetzung an in Europa schon lange überlieferte antisozialistische, antisemitische und rassistische Stereotypen an. Bilder des Kommunisten mit Dolch und Brandfackel, als Mörder und Brandstifter, als heimtückische Bestie, gorillahaftes Untier, brandschatzender „Untermensch" mit asiatischen Gesichtszügen existierten schon lange vor der nationalsozialistischen Propaganda und wurden lediglich übernommen. Dazu gehört auch die Darstellung des Juden als gefährliches, hinterhältiges und verdorbenes Wesen mit Hakennase, wulstigen Lippen und hervorquellenden Augen, das für alles Übel verantwortlich sei.

Nachfolgendes Plakat, welches den Titel „Unter der jüdischen Fahne" trägt, soll die Bevölkerung gegen das jüdische Volk aufhetzen. Die Elemente, die charakteristisch sind für die nationalsozialistische Propaganda entstanden im letzten Drittel des 19. Jahrhunderts. Sozialdarwinismus und „moderner" Rassismus waren dabei sozusagen die Grundlage für das Entstehen eines neuen Antisemitismus. Das jüdische Volk, das früher aufgrund seiner Religionszugehörigkeit bzw. seiner ökonomischen Stellung in Verruf geraten war, wurde nun wegen der neuen „Rassenlehre" seiner Zugehörigkeit zur jüdischen Rasse wegen verfolgt.[25]

---

[25] Vgl. Schlootz: Deutsche Propaganda in Weißrußland 1941-1944. S. 24.

„1. Mai. Wir verlassen unsere Arbeitsplätze nicht bis der Kommunismus endgültig zerschlagen wird. Es lebe das freie Weißruthenien",

so lauten die Zeilen auf dem Propagandablatt.

Vorbildhaft, im Sinne der Nationalsozialisten, fungiert die auf dem Plakat dargestellte Bevölkerung. Ebenso sollen sich die Weißruthenen verhalten, um gemeinsam gegen den Erzfeind, den Kommunismus und den Bolschewismus

vorzugehen. Als Versprechen und Ansporn soll dabei die letzte Zeile dienen und die schon lang ersehnte Freiheit garantieren.

Wie sich gezeigt hat fungierten in der NSDAP-Propaganda Bilder als unerläßliches Hilfsmittel, um politischen Zielvorstellungen den Nachdruck zu verleihen, den Sprache alleine nicht zu erreichen vermochte. Visuelle Klischees, Allegorien und bildhafte Parolen gehörten zu den propagandistischen Mitteln, die eine Scheinwelt von existentieller Bedrohung und nationalsozialistischer Weltherrschaft vorgaukeln sollten. Schon lange vor den Nazis gehörten die Verbildlichung abstrakter Begriffe und komplexer Ideen durch personifizierende Allegorien und die Umformung von politischen Deutungen in bildlich-rhetorische Figuren durch Metaphern zum Kommunikationssystem der Arbeiterbewegung. Es ließen sich auf diesem Wege komplexe Strukturen und komplizierte Gedanken einfach vermitteln und effektiv auch den einfachen Bevölkerungsschichten verdeutlichen und demnach eine sehr breite Schicht des Volkes erreichen. Nach der Weimarer Republik bediente sich die NS-Propaganda dieser bereits bekannten Klischees und Formeln, deutete einige um, bzw. fügte neue hinzu, um Abhängigkeit zu stiften und indoktrinierte sie der als naiv, unmündig und ungebildet abgestempelten Masse. Im besonderen handelte es sich dabei um eine eng begrenzte, repetierende, populistische Bildersprache, die verdichtet wurde auf personalistische Typenmuster und Sprachformeln und aufgrund ihrer Feindbilder konkrete Handlungsperspektiven anbot. Das Ziel dieser propagandistischen Strategie lag darin, die Adressaten in ihren Gefühlen soweit zu beeinflussen, daß sie den politischen Deutungsmustern schließlich Glauben schenkten und das Volk gar seiner Vernunft zu berauben. Die Funktion der visuellen und verbalen Beeinflussung war Gefühle, wie Haß und Ekel, Angst und Abscheu sowie Hoffnung und den Willen zur Veränderung hervorzurufen, um die Menschen in ihrem Vertrauen an das Reich zu binden.[26]

---

[26] Paul, Gerhard: *Aufstand der Bilder*. S. 213 f.

IV Sprache in der NS-Propaganda

Seidel/ Seidel-Slotty haben in ihrem kritischen Werk „Sprachwandel" treffend formuliert, was im wesentlichen unter nationalsozialistischem Sprachstil zu verstehen ist. Es handle sich um eine rhetorisch ausgeprägte Sprache im Sinne der „Volksredner und Demagogen". Besondere Kennzeichen dieser Sprache seien „improvisierte, einhämmernde und auf Massenwirkung eingestellte Propagandareden ohne ausgewogenen Aufbau". Ziel dieser Sprache sei es, den Hörer zu manipulieren und ihn durch den eindringlichen Redeschwall zu überrennen. Die Wirkung werde durch „Klang und Gebärden" noch intensiviert.[27]

Hitler selbst setzte die Wirkung des gesprochenen Wortes in größeren Massenkundgebungen und kleineren Versammlungen aber auch im Rundfunk an erste Stelle noch vor dem geschriebenen Wort der Presse, wie man dem auf Seite 5 angeführten Zitat entnehmen kann.

Zugegebenermaßen hatte Hitler damit zweifelsohne Recht. Denn anhand der Massenveranstaltungen konnte er ein sehr breites Publikum ansprechen, nicht nur den belesenen Part der Bevölkerung. Zudem war mit der Ansprache der Nazigrößen für die Augen des Betrachters stets ein auf Breitbandwirkung ausgerichtetes Zeremoniell verbunden. Nahezu das ganze deutsche Volk ließ sich damals von den Aufmärschen in Reih und Glied, von der pathetischen Aufmachung der Reden und von Hitlers einstudierter Selbstdarstellung beeindrucken und mitreißen. Kurzum, es war die Gesamtinszenierung, die Eindruck machen sollte.

Vom rhetorischen Aspekt gesehen waren die Kundgebungen nicht weniger ausgefeilt. Dies soll nicht bedeuten, daß sie in sprachlicher Hinsicht anspruchsvoll und qualitativ hochwertig waren, wie wir uns heutzutage eine politischen Rede vorstellen, sondern es soll heißen, dass Hitlers Ausdrucksweise mit sprachlichen Mitteln genau das erreichte, was sie vorgab zu erreichen: das Volk zu überrennen und ihm glaubhaft zu machen, daß an der Unveränderbarkeit und der Richtigkeit von Hitlers Standpunkt nicht zu rütteln sei.

---

[27] Vgl. Seidel Eugen/ Seidel-Slotty Ingeborg: *Sprachwandel im Dritten Reich*. S. 1.

An dieser Stelle möchte ich nun einige Schriftstücke, wie beispielsweise Hitlers „Mein Kampf" mit zur Analyse heranziehen, sowie Auszüge aus Bork, Seidel/Seidel-Slotty und anderen Autoren, die ihrerseits schon den „Völkischen Beobachter", weitere Schriftstücke und zum Teil nationalsozialistische Reden erschlossen haben, um sprachliche Besonderheiten aufzuzeigen. „Mein Kampf", auch oftmals als „Die Bibel des Nationalsozialismus" tituliert, ist eine reichhaltige Quelle für nationalsozialistische Diktion und propagandistisches Gedankengut. Allerdings möchte ich hinzufügen, daß ich "Mein Kampf" insbesondere von seiner Entstehungszeit bis etwa zum Kriegsbeginn 1939 als Schriftgut propagandistischer Art einstufe, denn später galt das Werk als Manifest nationalsozialistischen Gedankengutes.

Die Verwendung von sprachlichen Mitteln, von „bewußt dirigierter Sprache" kann die „Wirklichkeit" verändern.[28] Im Folgenden wird eine Auswahl dieser Mittel die Tendenzen der nationalsozialistischen Sprachregelung erhellen.

1 Monumentalsucht und Pseudomonumentalstil

1.1 Superlativ-Manie

Bork bemerkt bei der Beschreibung des Nazi-Stils, dass der Schwall an Worten, oder das Wortquantum, wie er es bezeichnet, nicht ausschließlich in Reden oder Propaganda-Schriften zu finden war, sondern die Grundlage des gesamten Nazi-Stils war. Konkrete Aussagen wurden beispielsweise ersetzt durch Übertreibungen in Form von Superlativen und viel zu hoch gegriffenen Zahlenangaben.[29]

„eine Revolution von *gewaltigstem* Ausmaß über Deutschland"[30]

„die für uns das *Bemerkenswerteste* der Eigenart des Ablaufs der nationalsozialistischen Revolution ist."[31]

„Es ist unser *höchster* Stolz, die sicherlich *größte* Umwälzung in unserem Volke"[32]

---

[28] Bork: Missbrauch der Sprache. S. 13 f.
[29] Ebd.: S. 42.
[30] Hitler: Rede vor dem Reichstag am 30. Januar 1937.
[31] Ebd.
[32] Ebd.

„mit *größter* politischer Unbildung"[33]

„zahlreichen *grimmigsten* Feinden in oft *höchsten* Staatsstellen"[34]

Der Positiv oder Komparativ wird nahezu komplett vom Superlativ verdrängt. Dadurch erfährt der Superlativ eine Minderung in seiner Wirkung, er wirkt überflüssig.

Neben den eben genannten grammatikalisch noch korrekten Superlativen werden auch Worte gesteigert, die logischerweise gar nicht gesteigert werden dürften.

„es ist unser *allerhöchstes* Gut" [35]

„Forderungen *sinnlosester* Art"[36]

„von *höchster* Bedeutung"[37]

„am *hervorstechendsten*"[38]

„ein Zeichen dieser *gewaltigsten* wirtschaftlichen Entwicklung"[39]

Beliebt waren auch Epitheta Ornantia, wie beispielsweise „monumental", „gewaltig", „gigantisch", „ungeheuer" und Komposita mit „Riesen-", etc., alles Ausdrücke, die zwar der Form nach kein Superlativ sind, jedoch den superlativischen Wert innehaben. [40]

„ein *gewaltiger* Kampf"[41]

„Es wird *gewaltige* Anstrengungen erfordern"[42]

„entscheidende Kampf dieses *gigantischen* Weltringens"[43]

„Die Ergebnisse dieser ganzen *Riesen*tätigkeit sind *ungeheuere*"[44]

Nicht zuletzt sollten superlativische Zahlenangaben die Größe und Macht des Dritten Reiches demonstrieren und das Vertrauen des Volkes an sich binden. Sie verbreiten jedoch anstatt Information nur noch Illusion.

„*Hunderttausende* von politischen Führern, *unzählige* Beamte des Reiches und *zahllose* Soldaten und Offiziere"[45]

---

[33] Hitler: Rede vor dem Reichstag am 30. Januar 1937.
[34] Ebd.
[35] Ebd.
[36] Hitler: Mein Kampf, 1933. S. 353.
[37] Hitler: Mein Kampf, 1939. S. 291.
[38] Hitler: Mein Kampf, 1933. S. 311.
[39] Hitler: Rede vor dem Reichstag am 30. Januar 1937.
[40] Vgl. Bork: Missbrauch der Sprache. S. 43.
[41] Hitler: Rede vor dem Reichstag am 30. Januar 1937.
[42] Ebd.
[43] Völkischer Beobachter (VB), 22.3.43, S. 5, zitiert in: Bork: S. 43.
[44] VB, 2.10.42, S. 3, zitiert in Bork: S.43.
[45] Hitler: Rede vor dem Reichstag am 30. Januar 1937.

„die *Millionenmasse* aller Schaffenden"[46]

„muß ich wieder jener *Millionen* unbekannter deutscher Menschen gedenken"[47]

„den Millionen unserer Mütter"[48]

„Verbrennung von *Zehn- und aber Zehntausenden* von Männern, Frauen und Kindern"[49]

Oben genannte Übertreibung, die das Ausland betraf, sollte dem Volk die Grausamkeit des Feindes Russland demonstrieren, auf dessen Rechnung „aber Zehntausende" Menschenleben gingen. Das Volk sollte so unbewusst aufgehetzt und auf den Kampf vorbereitet werden.

Bezogen sich die Übertreibungen auf das deutsche Volk und seine Führung, so sollten sie Macht und Stärke demonstrieren und den Menschen die Unbesiegbarkeit der Deutschen vorgaukeln. Bezogen sie sich auf das Ausland, so sollten sie dessen Brutalität und Unvermögen anzeigen, es faktisch schlecht machen.

Durch die Verwendung des Superlativ-Stils sollte die angepriesene Wirklichkeit, die mit der Realität nie kongruent wurde, sprachlich kaschiert werden und glaubwürdiger erscheinen.

1.2 Redundanz

Unter Redundanz ist eine Überreichlichkeit, Überfluss und Üppigkeit zu verstehen, eine Überladung sozusagen, mit überflüssigen sprachinhaltlichen Elementen. In der Informationstheorie, bzw. Nachrichtentechnik versteht man darunter eine Bezeichnung für das Vorhandensein von überflüssigen Elementen in einer Nachricht, die keine zusätzliche Information liefern, sondern lediglich die beabsichtigte Grundinformation stützen.[50]

Bork gliedert diese Überschwemmung mit einander ähnlichen Begriffen auch in die Rubrik Pleonasmen und Tautologien ein, besonders dann, „wenn unpassende Redensarten sich eindrängen und breites ‚Geschwafel' zur Regel wird".[51]

---

[46] Ebd.
[47] Ebd.
[48] Ebd.
[49] Ebd.
[50] Vgl. Duden: Fremdwörterbuch. Bibliographisches Institut, Mannheim/ Wien/ Zürich, 1971.
[51] Vgl. Bork: Missbrauch der Sprache. S. 52.

Im Duden Fremdwörterbuch findet man folgende Definition der beiden Begriffe. Pleonasmen und Tautologien sind überflüssige Häufungen sinngleicher oder sinnähnlicher Ausdrücke bzw. die Wiedergabe des gleichen Sachverhalts in einer Wortgruppe mit zwei synonymen Wörtern.

„man muß *hart und unerbittlich* sein" [52]

Bei diesem Stilmerkmal wird der erste Ausdruck durch den folgenden nicht präzisiert, sondern verstärkt. Es wird damit also eine Steigerung des Ausdrucks angestrebt. Die Epitheta ornantia, die schmückenden Beiworte, die oft als Füllworte dienen, sind wenig anspruchsvoll ausgewählt und sollen einen bombastischen Effekt hervorrufen.

„Die Fahne *hoch, geschlossen treu und hart, unerbittlich* marschieren sie."[53]

„Es (das dt. Lebensprinzip) wird dargestellt vom deutschen Jüngling, der mit geradezu nachtwandlerischer Sicherheit des naiven und ursprünglichen Menschen, *strahlend und froh, kämpfend und siegend, suchend und sehnend* die *verkettete, ohnmächtige Welt* neu *erweckt und vorwärtstreibt.*"[54]

„Der deutsche, d.i. nordische *Mensch und Führer* ist die Verkörperung *des ewig* Dynamischen, des *faustischen Suchens und Ringens,* im Gegensatz zum romanischen Menschen, der *Verkörperung des Statischen, Rationalen, Intellektuellen* ist."[55]

Die Adjektive wirken hier eher störend und aufdringlich, als dass sie die Aussagen veranschaulichen würden. Der angestrebte Stilausdruck wird durch Quantität und nicht durch Qualität erreicht.[56]

Seidel/ Seidel-Slotty verwenden an dieser Stelle für die Häufung des Ausdrucks den Begriff Doppelung, der sich aus zwei oder selten auch aus drei Substantiven, Adjektiven, Verben und Adverbien zusammensetzen kann:

„*Sinn* und *Aufgabe* deutscher Volkskunde"[57]

„Gefahr schwerster *Verkennung* und *Ächtung*"[58]

„Die SS hat diesen Stolz ... als *eigenstes* und *totales* Erlebnis erst durch das Dritte Reich gelernt."[59]

---

[52] Seidel/ Seidel-Slotty: Sprachwandel. S. 1.
[53] VB, 31.1.33, zitiert in Bork: Missbrauch der Sprache. S. 52.
[54] VB, 15.3.38, S. 1, zitiert in Bork: Missbrauch der Sprache. S. 52.
[55] VB, 15.3.38, S. 1, zitiert in Bork: Missbrauch der Sprache. S. 52.
[56] Bork: Missbrauch der Sprache. S. 52.
[57] Seidel/ Seidel-Slotty: Sprachwandel. S. 2.
[58] Ebd. S. 2.

„...die Aufgabe, stets von neuem Glauben und politisches Einsatzkönnen der Mannschaft gemäß der Grundidee ihres Auftretens zu *entflammen*, zu *vertiefen* und neue geeignete Menschen zu werben."[60] „sie zu *geißeln*, zu *unterdrücken*, zu *beseitigen*"[61]

„...während die Kriegsgeneration dieser Katastrophe in aller Wehrlosigkeit und mit den offensten *Nerven* und *Gefühlen* des zum ersten Mal in die Welt hinaustretenden jungen Menschen *restlos* und *unbedingt* ausgeliefert war."[62]

Redundanz kann allerdings auch anders verstanden werden. Bei Frind ist nicht nur eine Doppelaussage oder eine Verbindung von Worten gleicher oder ähnlicher Bedeutung ohne neue Information zur Redundanz zu zählen, sondern auch andere ständig benutzte Beifügungen, die den Sinn nicht näher erklären, sondern nur als Epitheta Ornantia fungieren. Sie spricht daher auch von einer Tonverdoppelung.

„Es ist *dies* eine *Arbeit*"[63]
„*Sie* fürchteten damals nichts mehr, *jene Träger des Umsturzes*, als..."[64]

„um der *Ausrottungsidee* und dem *Ausrottungswillen* unserer Feinde"[65]

„Der materielle Wert beruht in der *Bedeutung*, und zwar der *materiellen Bedeutung*, einer Arbeit für das Leben der Gesamtheit."[66]

Heutzutage mögen diese Sätze auf den Leser wohl übersteigert wirken und ihm sofort ins Auge fallen, damals in Krisenzeiten jedoch war die Methode der hämmernden Wiederholung absolut wirksam im Sinne der Volksredner und Demagogen. Die Propaganda konnte dadurch mitunter das Misstrauen des Volkes umgehen, indem sie es durch den Wortschwall überrannte.

Diese Wirkung wurde auch durch die Verwendung des folgenden rhetorischen Mittels erzielt.

1.3 Nominalstil

Auch der Nominalstil trägt wesentlich dazu bei Aussagen eine stärkere Gewichtigkeit zu verschaffen. Er ist gekennzeichnet durch die Häufung von

---

[59] Ebd. S. 1.
[60] Ebd. S. 3.
[61] Ebd. S. 6.
[62] Ebd. S. 2.
[63] VB, 11.5.44, S. 1, zitiert in Frind: Die Sprache als Propagandainstrument in der Publizistik des Dritten Reiches. S. 81.
[64] Hitler: Mein Kampf. 1933, S. 583.
[65] VB, 14.11.44, S.2, zitiert in Frind: Die Sprache als Propagandainstrument in der Publizistik des Dritten Reiches. S. 82.
[66] Hitler: Mein Kampf. 1933, S. 483.

Substantiven, Adjektiven und der Umschreibung durch Verbalsubstantivierungen. Zudem werden vielerorts „klangvolle" Komposita gebildet. Was wir meist nur vom Amtsdeutsch gewohnt sind, fand sich im Dritten Reich in der geschriebenen wie in der gesprochenen Sprache. Sinn und Zweck der dahinterstand war, der Sprache Nachdruck und Gewicht zu verleihen.

„Die *Forderung nach Wiederherstellung* der Grenzen des Jahres 1914"[67]

„Ostpolitik *im Sinne der Erwerbung der notwendigen Scholle* für unser deutsches Volk"[68]

„wenn das Endergebnis nur *die Möglichkeit einer Niederwerfung* unseres grimmigsten *Hassers* bietet"[69]

„durch *die Bildung* einer Arbeitsgemeinschaft"[70]

„Alle Erfindungen sind also das *Ergebnis des Schaffens* einer Person...Ihr *Wirken* gibt...Milliarden von menschlichen Lebewesen später *Hilfsmittel zur Erleichterung der Durchführung* ihres Lebenskampfes in die Hand."[71]

„ein umfassenderes und eingehenderes Bild des *Geschaffenen, Erreichten* und *Begonnenen* aufzuzeigen"[72]

„zur *Ermöglichung* eines besseren *Zusammenlebens*"[73]

„Die *Heilung* einer Not kann aber kaum je erfolgen durch eine *Beteiligung* an den sie verschuldenden Ursachen, sondern nur durch deren radikale *Beseitigung*."[74]

„durch die *Befolgung* eines Grundsatzes"[75]

„Als mich am 30. Januar vor vier Jahren der ehrwürdige Herr Reichspräsident berief und mit der Bildung und Führung einer neuen Deutschen Reichsregierung betraute"[76]

„ermessen wir dann die ganze *Lächerlichkeit des Getues* jener blassen Schwätzer, die , wenn irgendwo in der Welt ein Stück Papier *eine Abwertung erfährt*, sofort *vom Zusammenbruch der Wirtschaft* und damit wohl auch vom *Zusammenbruch des menschlichen Lebens reden*"[77]

Ich denke in vielen der oben genannten Beispiele wäre die Verwendung des Verbs besser und leichter verständlich gewesen. Durch die substantivierten Ausdrücke jedoch sollten die Aussagen an Gewichtigkeit gewinnen und dem Volk ihre Unabdingbarkeit

---

[67] Hitler: Mein Kampf. 1939, S. 291.
[68] Hitler: Mein Kampf. 1939, S. 309.
[69] Ebd., S. 310.
[70] Ebd., S. 155.
[71] Hitler: Mein Kampf. 1933, S. 214.
[72] Hitler: Rede vor dem Reichstag am 30. Januar 1937.
[73] Ebd.
[74] Ebd.
[75] Ebd.
[76] Ebd.
[77] Ebd.

vorspielen. Dies wird auch besonders an folgendem Ausschnitt deutlich, der dem Völkischen Beobachter entstammt:

> „Die *Ausbildung des Volkssturms* muß in beschränkter Zeit trotz zahlreicher Schwierigkeiten einen Ausbildungsstand erreichen, der ihn befähigt, alle jene Aufgaben zu meistern, die unter Umständen gestellt werden müssen. Dieses Ziel kann nur verwirklicht werden *unter den Voraussetzungen* einer *radikalen Beschränkung des Ausbildungsstoffes* auf das Wesentliche und der *Vermittlung* dieses Wesentlichen in einer unbedingt frontnahen Art, die sich alle Erfahrungen des Krieges zunutze macht. Ihre Ergänzung findet diese Ausbildung *in der Heranziehung* aller brauchbaren Hilfsmittel der modernen Technik ... *Nach einer Anordnung* des Präsidenten der Reichsfilmkammer haben alle Filmtheaterbesitzer ihre Theater *auf Anordnung der Kreisstabsführer* des Deutschen Volkssturms oder ihrer Beauftragten für Lehrfilmvorführungen zur Verfügung zu stellen. *Die Durchführung* dieser Veranstaltungen soll an einem Abend in der Woche ... *unter Wegfall* der letzten Vorstellung und in Ausnahmefällen an Sonntagvormittagen erfolgen. Die Abrechnung geschieht über die Reichspropagandaleitung."[78]

Anstelle „unter den Voraussetzungen einer radikalen Beschränkung des Ausbildungsstoffes auf das Wesentliche" hätte es besser heißen können: „vorausgesetzt man hätte den Ausbildungsstoff radikal auf das Wesentliche beschränkt", doch würde hier wiederum der erforderliche Nachdruck fehlen.

Betrachtet man die Wortbildung der Substantive im obigen Textbeispiel, so fällt auf, dass es sich meist um Suffixbildungen auf –ung handelt. Oft entstanden dabei abwegigste Bildungen wie:

„Verreichlichung"[79]

„Verhimmelung"[80]

„Vernegerung"[81]

„Aufnordung"[82]

„Arbeitslosmachung"[83]

Die oft umständliche Bildung und Verwendung von Substantiven ermöglichte genau das, was man durch den Einsatz von Verbalumschreibungen und reinen Nebensätzen nicht erreichen konnte. Substantive drücken die Wichtigkeit und die erforderliche Emphase des Gesagten aus, Nebensätze – und das besagt auch schon ihr Name - geben eine zusätzliche, nicht selten nebensächliche Information an, die das Volk nicht in dem Maße beeinflussen hätte können.

---

[78] VB, 9.1.45, S. 4, zitiert in Frind: Die Sprache als Propagandainstrument in der Publizistik des Dritten Reiches. S. 75 f.
[79] Hitler: Mein Kampf. 1933, S. 637.
[80] Ebd., S. 471.
[81] Ebd., S. 704.
[82] VB, 31.1.44, zitiert in Frind: Die Sprache als Propagandainstrument in der Publizistik des Dritten Reiches. S. 78.

2 Der Pseudosymbolismus

2.1 Biologisch-medizinische Verbrämung

Der Nationalsozialismus bediente sich häufig Begriffen aus dem medizinischen und biologischen Bereich. Sinn und Zweck dieser Verwendung war, dass man das, was zu sagen war verhüllend umschreiben wollte. Die pseudowissenschaftlichen Termini sollten aber auch das Gesagte wissenschaftlich legitimieren und eigenständige Symbole gewinnen, um eine breite bildliche Ausformung zu propagandistisch-taktischen Zwecken zu gestatten.[84] Bork nennt als sprachliches Vorbild wiederum Hitlers „Mein Kampf". Er schreibt ferner: „Stets um drastische, volkstümliche Anschaulichkeit bemüht, gebrauchte er sehr häufig biologische Metaphern, um seine Vorstellungen und Absichten zu umschreiben. Außerdem spiegelten diese ,Biologismen' einen nicht vorhandenen wissenschaftlichen Unterbau des Gesagten vor."[85]

„Ohne den Untergrund einer derartigen, allgemein bereits vorhandenen *Vergiftung* „[86]

„der in dem *Sumpfe* einer langsam verkommenden Welt mit dem sicheren Blick des Propheten die wesentlichsten *Giftstoffe erkannte*, sie herausgriff, um sie, einem Schwarzkünstler gleich, in eine *konzentrierte Lösung zur schnelleren Vernichtung* des unabhängigen Daseins freier Nationen auf dieser Erde zu bringen"[87]

„den *Sieg des Besseren, Stärkeren* zu fördern, die *Unterordnung des Schlechteren und Schwächeren* zu verlangen.[88] → vgl. Lehre Darwins: Der Stärkere wird überleben.

„*schädlich und ungesund* erscheinenden Verhältnisse zu verbessern"[89]

„Fortsetzung ihrer *verderblichen* Zerstörungsarbeit"[90]

„alle anderen Völker innerlich zu *zersetzen*"[91]

„an die wirtschaftliche *Gesundung* zu glauben"[92]

---

[83] Ebd.
[84] Frind: Die Sprache als Propagandainstrument in der Publizistik des Dritten Reiches. S. 100.
[85] Bork: Missbrauch der Sprache. S. 72.
[86] Hitler: Mein Kampf. 1939, S. 18.
[87] Ebd.
[88] Ebd., S. 19.
[89] Hitler: Rede vor dem Reichstag am 30. Januar 1937.
[90] Ebd.
[91] Ebd.
[92] Ebd.

Die Begriffe aus dem Bereich der Biologie und der Medizin dienten vorwiegend dazu den, im Sinne Hitlers, negativen Dingen Nachdruck zu verschaffen.

Gewisse positiv wertende Attribute, wie letzteres Beispiel zeigt, sollten wünschenswerten Dingen den notwendigen positiven Nachdruck verschaffen. Ganz gewiss steckte auch hier eine gewisse propagandistische Absicht dahinter. Das Volk sollte durch die beigefügten wertenden Attribute von den Ansichten des Führers und seiner politischen Gesinnung überzeugt werden.

Ein besonders häufig gebrauchter Begriff war „rassisch" und „Rasse" als Ersatz für den Begriff „Nation". Frind erachtet die Verwendung der beiden Begriffe zudem als „politisch unverbrauchte" Begriffe, „mit denen er (Hitler) seinem Programm eine Kennmarke aufprägen konnte".[93]

„Warum die Vorsehung die *Rassen* schuf"[94]

„aus der Blut- und *Rassenlehre*"[95]

„die symbolisch nicht den Sieg eines staatlichen, sondern eines *rassischen Prinzips* dokumentiert"[96]

„lehnt es ab, einer fremden *Rasse* Einfluß ... zu geben"[97]

„nicht nur zu einer Verkennung *rassischer Urkräfte*"[98]

„Die Annahme von der *Gleichartigkeit der Rassen*"[99]

„Sie sieht nicht nur den verschiedenen *Wert der Rassen*"[100]

Dem deutschen Volk wurde immer wieder eingehämmert, dass das jüdische Volk ein rassisch minderwertiges Volk sei, und dass das eigene Volk der „Herrschaftsrasse" angehöre. Deswegen sollten sich die beiden Völker nicht vermischen, damit nicht „das Gift ungehindert in den Blutkreislauf unseres Volkes eindringen konnte"[101]

An dieser Stelle kommt die weit verbreitete „Blut- und Boden"- Terminologie zum Ausdruck, die im nächsten Abschnitt behandelt wird. Auch sie wurde zum kultischen Symbol erhoben.

---

[93] Frind: Die Sprache als Propagandainstrument in der Publizistik des Dritten Reiches. S. 100.
[94] Hitler: Rede vor dem Reichstag am 30. Januar 1937.
[95] Ebd.
[96] Ebd.
[97] Ebd.
[98] Hitler: Mein Kampf. 1939, S. 18.
[99] Ebd.
[100] Ebd., S. 19.
[101] Hitler: Mein Kampf. 1939, S. 268.

2.2 „Blut- und Boden"- Terminologie

„Blut bedeutet uns, in unserer gesamten Betrachtung, nicht etwas nur Leibliches, sondern: Seele in artlicher Verbundenheit mit ihrem Ausdrucksfeld dem Leibe"[102]. So heißt es in der nationalsozialistischen Diktion.

Vor allem das Blut-Motiv lässt sich in Hitlers Reden und Schriften mehr als nur einmal finden. Besonders in der Rede vom 30. Januar 1937 scheint nahezu jeder 5. Satz des Absatzes über die nationalsozialistische Revolution vom Blut-Motiv getränkt zu sein:

„wenn nötig, auch unter Einsatz von *Blut* und Leben"[103]

„dass das charakteristische Merkmal jeder wahren Revolution eine *blutige Vernichtung* der Träger der früheren Gewalten ... sein müßten." [104]

„Die nationalsozialistische Revolution ist so gut als vollkommen *unblutig* verlaufen."[105]

„Wenn diese Revolution *unblutig* verlief, dann nicht deshalb, weil wir etwa nicht Männer genug gewesen wären, um auch *Blut* sehen zu können!"[106]

„Über vier Jahre lang war ich Soldat *im blutigsten Kriege* aller Zeiten gewesen."[107]

„gegen *die blutigen Gewalttaten* dieser Moskauer Verbrecher"[108]

„...und nur wehrlose Geiseln *abzuschlachten* vermögen. Wir waren Soldaten und haben einst im *blutigsten Kampf* aller Zeiten unseren Mann gestanden."[109]

In vielen der oben genannten Beispiele soll die Blut-Formel dem Gesagten wiederum den erforderlichen Nachdruck verleihen. „Blut" und „blutig" werden vielseitig und zum Teil äußerst verschwommen gebraucht. Oft scheinen die Begriffe gar fehl am Platz. Doch ebenso, wie viele andere Begriffe und Stilmittel formelhaft verwendet wurden, kam auch das Blut-Motiv zum Einsatz. Bei Bork heißt es: „Blut wurde zum mythischen

---

[102] L.F. Clauß, Rasse und Seele, 1936, S. 147, zitiert in: Frind: Die Sprache als Propagandainstrument in der Publizistik des Dritten Reiches. S. 103.
[103] Hitler: Rede vor dem Reichstag am 30. Januar 1937.
[104] Ebd.
[105] Ebd.
[106] Ebd.
[107] Ebd.
[108] Ebd.
[109] Ebd.

Kernbegriff der wissenschaftlich unhaltbaren Rassenlehre. Nicht der mythische Sinn, sondern der mythische Klang stand im Vordergrund."[110]

V Zusammenfassende Darstellung

Ich habe am Anfang meiner Arbeit eine gewagte Behauptung aufgestellt, nämlich, dass sich das ganze System des Nationalsozialismus auf Propaganda aufbaut, bzw. aufbauen konnte. Da diese Arbeit allerdings einen gewissen Rahmen nicht sprengen sollte, entschloss ich mich dazu, genauer auf die gestalterischen Mittel der Plakatpropaganda und der sprachlichen Mittel der Propaganda einzugehen. Da all die genannten öffentlichen Medien, wie auch die Schriftstücke ihr Ziel darin sahen, die Bevölkerung zu manipulieren und auf die Seite des Regimes zu ziehen, kann man an dieser Stelle sicherlich von Propaganda sprechen.

Am Ende meiner Arbeit bin ich nun zu der Einsicht gekommen, dass die Nationalsozialisten nichts ungetan ließen, um nahezu das ganze deutsche Volk einer Gehirnwäsche zu unterziehen. Freilich kamen ihnen das gegenwärtige Elend in der Nachkriegszeit und die Arbeitslosigkeit zu Gunsten. Denn mit Versprechungen, wie sie in der Flugblatt- und Plakatpropaganda gemacht wurden, konnten sie schon einen Großteil der Bevölkerung für sich gewinnen. Öffentliche Auftritte, bombastische Inszenierungen und „gleichgeschaltete" Organisationen taten schließlich ihr Übriges. Keiner konnte dem System auch nur in irgendeiner Weise entrinnen. Dass Hitler die Propaganda als einen wichtigen Bestandteil in seinem System erachtete, wird allein schon daran ersichtlich, dass er in seinem Werk „Mein Kampf" gleich ein ganzes Kapitel der Propaganda widmet. Wer hier genau gelesen hätte, hätte wahrscheinlich zu diesem Zeitpunkt schon erkannt mit welchen Mitteln der „Führer" arbeitete und welch wahnwitzige Idee noch ausgebrütet werden sollte.

Auch mit den Merkmalen der nationalsozialistischen Sprache ließe sich ein ganzes Buch schreiben. Ich hätte weitaus mehr Beispiele zur Verdeutlichung anführen können. Deswegen habe ich versucht die wesentlichen Merkmale zusammenzustellen, mit denen Hitler und seine Helfershelfer das Volk beschwören und es gegen den Rest der Welt aufbringen konnten.

---

[110] Bork: Missbrauch der Sprache. S. 76 f.

Ich denke, die durchdachte Propaganda und eine gehörige Portion an Wahnwitz ermöglichte es Hitler überhaupt erst, so weit zu kommen. Für die Zukunft bleibt uns nur zu hoffen, dass die Menschheit aus dieser Zeit gelernt hat und sich stets bewusst ist, dass Sprache allein schon viel Unheil anrichten kann. Nicht umsonst heißt es in einem Buch des Schriftstellers Herbert Achternbusch: „Und ich erzog mir die Sprache zum Bösewicht."[111]

---

[111] Herbert Achternbusch: Die Stunde des Todes. Kap.1.

·

VI Literaturverzeichnis

- **Behrenbeck, Sabine**: „**Der Führer". Die Einführung eines politischen Markenartikels.** In: Diesener, Gerald/ Gries, Rainer (Hrsg.): Propaganda in Deutschland. Zur Geschichte der politischen Massenbeeinflussung im 20. Jahrhundert. Wissenschaftliche Buchgesellschaft, Darmstadt, 1996, S. 51-78.

- **Bork, Siegfried: Missbrauch der Sprache.** Tendenzen nationalsozialistischer Sprachregelung. Francke Verlag, Bern und München, 1970.

- **Brockhaus multimedial**. Bibliographisches Institut & F.A. Brockhaus AG, Mannheim, 1998.

- **Conrad, Rudi (Hrsg.)/ Bartschat, Brigitte: Kleines Wörterbuch sprachwissenschaftlicher Termini.** Bibliographisches Institut, Leipzig, 1975.

- **Dieckmann, Walther: Information oder Überredung. Zum Wortgebrauch der politischen Werbung in Deutschland seit der Französischen Revolution.** Ellwert, Marburg, 1964.

- **Dovifat, Emil/ Wilke, Jürgen (Hrsg.): Zeitungslehre I.** De Gruyter, Berlin, 1962.

- **Ehlich, Konrad (Hrsg.): Sprache im Faschismus.** Suhrkamp Verlag, Frankfurt a. M., 1. Auflage, 1989.

- **Frind, Sigrid: Die Sprache als Propagandainstrument in der Publizistik des Dritten Reiches.** Untersucht an Hitlers „Mein Kampf" und den Kriegsjahrgängen des „Völkischen Beobachters". Dissertation, Berlin, 1964.

- **Grebe, Paul (Hrsg.): Duden. Grammatik der deutschen Gegenwartssprache.** Bd. 4, Mannheim/ Wien/ Zürich, 3. neu bearbeitete und erweiterte Auflage, 1973.

- **Hagemann, Walter: Publizistik im Dritten Reich.** Ein Beitrag zur Methodik der Massenführung. Heitmann, Hamburg, 1948.

- **Herz, Rudolf: Hoffmann & Hitler, Fotografie als Medium des Führer-Mythos.** Klinkhardt & Biermann, München, 1994.

- **Hitler, Adolf: Mein Kampf.** München, 52. Auflage, 1933.

- **Hitler, Adolf: Mein Kampf Bd II**. Franz Eher Verlag, München, 4.Auflage, 1939.

- **Hitler, Adolf: Rede vor dem Reichstag am 30. Januar 1937**, http://abbc.com/berlin/hitler09.htm

- **Kinne, Michael/ Schwitalla, Johannes: Sprache im Nationalsozialismus**. Groos Verlag, Heidelberg, 1994.

- **Medebach, Friedrich: Das Kampfplakat.** Aufgabe, Wesen und Gesetzmäßigkeit des politischen Plakats, nachgewiesen an den Plakaten der Kampfjahre von 1918-1933. Inaugural-Dissertation, Limburg an der Lahn, 1941.

- **Müller, Wolfgang (Hrsg.): Duden. Fremdwörterbuch.** Bibliographisches Institut, Mannheim/ Wien/ Zürich, 3. völlig neu bearbeitete und erweiterte Auflage, 1974.

- **Paul, Gerhard: Aufstand der Bilder.** Die NS-Propaganda vor 1933. Dietz Verlag, Bonn, 1990.

- **Schlootz, Johannes/ Quinkert, Babette: Deutsche Propaganda in Weißrußland 1941-1944.** Eine Konfrontation von Propaganda und Wirklichkeit. Ausstellung in Berlin und Minsk. Freie Universität, Berlin, 1996.

- **Schmitz-Berning, Cornelia: Vokabular des Nationalsozialismus.** De Gruyter, Berlin u.a., 1998.

- **Seidel, Eugen/ Seidel-Slotty Ingeborg: Sprachwandel im Dritten Reich.** Eine kritische Untersuchung faschistischer Einflüsse. Niemeyer Sprache und Literatur, Halle/ Saale, 1961.

- **Stern, Joseph P.: Hitler. Der Führer und das Volk.** Hanser Verlag, München, 1978.

- **Sternberger, Dolf: Aus dem Wörterbuch des Unmenschen.** DTV GmbH und Co KG, München, neue erweiterte Ausgabe, Juli 1970.

- **Voigt, Gerhard: Goebbels als Markentechniker.** In: Haug, Wolfgang, Fritz: Warenästhetik. Beiträge zur Diskussion, Weiterentwicklung und Vermittlung ihrer Kritik. Suhrkamp, Frankfurt am Main, 1975, S.231-260.

- **Wedlett, Margaretha: „Zum Stil in Hitlers Maireden",** in: Muttersprache 80 (1970), Mannheim/ Zürich, S.107-127.